Weiora de Sirow

Putzzwang als Erscheinungsform der Zwangsstörung

Praktische Betrachtungen

GRIN Verlag

Bibliografische Information der Deutschen Nationalbibliothek:

Die Deutsche Bibliothek verzeichnet diese Publikation in der Deutschen National-
bibliografie; detaillierte bibliografische Daten sind im Internet über http://dnb.d-
nb.de/ abrufbar.

Impressum:

Copyright © 2013 GRIN Verlag GmbH
Druck und Bindung: Books on Demand GmbH, Norderstedt Germany
ISBN: 978-3-656-54862-1

Dieses Buch bei GRIN:

http://www.grin.com/de/e-book/265320/putzzwang-als-erscheinungsform-der-
zwangsstoerung

GRIN - Your knowledge has value

Der GRIN Verlag publiziert seit 1998 wissenschaftliche Arbeiten von Studenten, Hochschullehrern und anderen Akademikern als eBook und gedrucktes Buch. Die Verlagswebsite www.grin.com ist die ideale Plattform zur Veröffentlichung von Hausarbeiten, Abschlussarbeiten, wissenschaftlichen Aufsätzen, Dissertationen und Fachbüchern.

Besuchen Sie uns im Internet:

http://www.grin.com/

http://www.facebook.com/grincom

http://www.twitter.com/grin_com

Serien zu Wissenschaft, Wirtschaft, Alltag (z.B. Schlafoptimierung, Linke Händigkeit, Klimawandel, Bedrohte Arten, Pilze, Zukunftsforschung, Kneipp/und weitere Wellnessmethoden, Bootsurlaub, Familie/Kinder u.a. ..

Zwangsstörung/Putzzwang

Weiora de Sirow

Inhalt

WdS, am 22. November 2013

Es ist heute fast eine Art Zivilisationserscheinung, um die es hier geht: die Zwangsstörung. Wenn eine solche Störung vorliegt, hat das Auswirkungen auf die gesamte Familie und es kann für alle zum Leidensweg und zur Gefahr werden, wenn die Störung als solche nicht erkannt wird.

Zwangsstörungen kommen oft und mannigfaltig vor (Kontroll-, Putzzwang, Tick, Zucken eines Körperteils, böse Worte, etc.). Eine davon ist der Putzzwang, wobei die Übergänge fließend sind zwischen Freude an Sauberkeit (wenn jemand dies besonders liebt – muss noch selbst regulierbar sein) und einer Zwangsstörung zum ständigen Putzen (nicht mehr selbst steuerbar). Hier hat sich das extreme Putzen verselbständigt und beherrscht den Alltag des Betroffenen, aber zugleich auch den seiner Familie, die darunter ebenso leidet, wie der Betroffene selbst.

In drei Artikeln wird zusammengefasst, woran man sie erkennen kann, welche Gefahren insbesondere bei Kindern zu beachten sind, deren Eltern (häufig die Mama) von einem Putzzwang betroffen sind und auf welchem Wege man diesen Störungen begegnen kann, um sie wieder abstellen zu können. In einer angehängten Tabelle (Ernährungsplan) werden Hinweise zur Ernährung von betroffenen Müttern mit Kleinkindern gegeben, denen der Putzzwang die Strukturen verwaschen hat und die wieder beginnen müssen, einen ganz normalen Alltag zu strukturieren und auf die Reihe zu bekommen.

SERIE ZWANGSSTÖRUNG (Putzzwang)

Wenn extremes Putzen zum Putzzwang (Zwangsstörung) wird

Wenn extremes Putzen die Strukturen einer gesamten Familie lahm legt, deutet vieles darauf hin, dass eine Zwangsstörung (Putzzwang) dafür verantwortlich ist, Wo fängt sie an, was ist typisch für sie, welche Gefahren drohen für die Familie. Besonders schwerwiegend ist es, wenn eine Familie mit Kindern betroffen ist und infolgedessen die Notwendigkeiten des Alltags nach hinten gerückt werden.

Solange es nicht erkannt wird...

Wie in der Einleitung angemerkt, hat eine Zwangsstörung gravierende Auswirkungen auf die Angehörigen und den Betroffenen selbst, das eine ganze Familie dadurch in Gefahr geraten kann bis hin zu deren Zerstörung. Daher ist es sehr wichtig, schon vorher zu erkennen, dass es hier um mehr als nur um Putzen geht, das man einfach wieder einstellen könnte. Da dies eben gerade nicht möglich ist, was man deutlich feststellen kann, sollte man genauer hinsehen. Es gibt verschiedene Ausprägungen dieser Störungen, wie Kontroll-, Putzzwang, Tick, Zucken eines Körperteils, böse Worte, etc. Wir betrachten speziell die Putzstörung, wobei die Übergänge fließend sind zwischen Freude an Sauberkeit (wenn jemand dies besonders liebt – muss noch selbst regulierbar sein) und einer Zwangsstörung zum ständigen Putzen (nicht mehr selbst steuerbar). Hier hat sich das extreme Putzen verselbständigt und beherrscht den Alltag des Betroffenen, aber zugleich auch den seiner Familie, die darunter ebenso leidet, wie der Betroffene selbst.

Aus der Sicht des Betroffenen: Für ihn ist es ein Verschieben seines Alltages in Richtung „Nur noch Putzen" (verschobene Prämissen). Das aber hat gravierende Folgen für ihn und seine Angehörigen. Alles, was vorher wichtig war, rückt in den Hintergrund: Das Studium, die Ziele, ein (Ehe-)Partner oder der andere Elternteil - Kinder und die gesamte Familie wird aus dem Zentrum an den Rand gedrückt. Familienbelange verlieren an Gewicht und Einflussnahme und werden nachrangig, Kinder werden vernachlässigt und der Betroffene vernachlässigt sich selbst, fühlt sich dabei logischerweise am Ende, kraftlos, depressiv, gerät dabei leicht noch in ein Alkoholproblem, um die Depressionen zu ertragen. Ein in sich geschlossener Regelkreis nach unten. Freiräume werden geschaffen, wo es geht für immer nur das Eine: Putzen!

Hilfe wird abgelehnt: Wollen andere dem „scheinbar" Überlasteten etwas abnehmen, wird die Hilfe oft verweigert, weil nur der Betroffene alles so macht, wie er es für richtig glaubt. So wird beispielsweise gerade erst gewaschene Wäsche sofort wieder in die Waschmaschine geworfen und noch einmal gewaschen. Hat ein anderer helfen wollen und alles gründlich geputzt, wird sofort noch einmal alles gewischt, gesäubert, weggeräumt bis zur klinischen Sauberkeit, wo auch nichts Persönliches mehr umhersteht. Hinzu kommt die Daueranwendung von scharfen Chemikalien und Desinfektionsmitteln, bis der Betroffene bereits wunde Hände bis hoch zu den Armen aufweist, was er jedoch als normal ansieht.

Aus der Sicht von anderen: (Ehe-)Partnern/Angehörigen/Familienmitgliedern:

Für sie ist klar, dass es eine deutliche Änderung hin zum Putzzwang gegeben hat, der vorher noch nicht zu bemerken war. Sie haben mitverfolgen können, wie beim Betroffenen aus einer normalen Freude an Sauberkeit regelrechte „Putzorgien" geworden sind, die andauernd stattfinden. Egal ob gerade Mahlzeiten an der Reihe sind oder Besuch angesagt ist – der

> Aus der Sicht des Betroffenen: Für ihn ist es ein Verschieben seines Alltages in Richtung „Nur noch Putzen" (verschobene Prämissen). Das aber hat gravierende Folgen für ihn und seine Angehörigen ...

„Putzwütige" hat nicht wirklich ein Auge dafür. Die Familie kann keine Minute in Ruhe zusammen sitzen, ohne dass der Betroffene nicht auf der Hut ist, dass nicht irgendwo irgend etwas gerade schmutzig geworden ist, was sofort geputzt werden müsste. Damit hat der Betroffene selbst nie Ruhe, muss ständig aufpassen auf die eventuellen Schmutzereignisse, die nur er zu beheben verstünde (laut seiner Vorstellungen).

Klinische Schleuse

Familienmitglieder müssen beim Hereinkommen durch eine „klinische Schleuse" laufen, wobei Kleidung, Schuhe und Mitgebrachtes einer Sonderbehandlung unterzogen werden. Es beginnt ein großes Wischen im Korridor, der sofort komplett ausgeräumt und nass gewischt wird, um alle „Schmutzgefahren" ohne Verzug beseitigen zu können. Wer es näher betrachtet, sieht, dass dabei viel „Wind" um „Nichts" gemacht wird. Was die betroffene Person aber völlig aus den Augen verloren hat, ist der Rest der Alltagsnotwendigkeiten; alles, was wirklich wichtig wäre, was tatsächlich anliegt und Berücksichtigung finden müsste. Dazu gehören insbesondere die Notwendigkeiten des Kindes, der Familie, der Beziehung und die eigene Ernährung und Gesundheit.

Unauffälliger Beginn

Dabei hat alles einmal ganz unauffällig begonnen und niemand wäre aufgefallen, dass es besondere Ansprüche an die Sauberkeit gegeben habe. Dann aber änderte sich die Situation und leitete eine Wende ein. Das „Warum" ist meist schwierig zu „orten", denn es passt sich nahtlos in den Alltag hinein – Umzüge, ein Studium, Schwangerschaftskomplikationen – alles kann mit dazu beigetragen haben, aber das würde nicht reichen (Auslöser steckt tiefer).

Bemerkt wird es von den Angehörigen meist erst dann, wenn es sich schon verselbständigt hat und zum Haupt-Streitthema der Familie ausgewachsen hat. In der Regel kündigte es sich zwar bereits eine zeitlang undeutlich an und begann die Angehörigen zu verwundern. Jetzt aber stört es richtig heftig, weil sich alles immer zuerst um dieses Problem rankt: Putzen.

Jetzt wäre es normalerweise sichtbar. Aber noch immer meinen die Angehörigen, dass sich der Betroffene doch nur mal wieder etwas zurücknehmen sollte mit all diesem Putzen. Das wäre doch nicht nötig. Aber das Gegenteil geschieht. Je mehr die Angehörigen sagen, hör auf damit, wir wollen das nicht, umso deutlicher wird es, dass hier ein Zwang vorliegt: Der Betroffene putzt weiter, noch stärker als vorher. Jedes Wort dagegen scheint nur das Gegenteil ausgelöst zu haben – aus dem intensiven Putzen werden „Putzorgien", die langsam das Zusammensein so belasten, dass man es nicht mehr haben will.

Es gibt immer nur Streit – und immer um das Eine: Putzen. Kein Mensch außer dem Betroffenen begreift, warum immer noch geputzt wird, obwohl alles bereits blitzblank ist, warum andere nicht helfen sollten oder nicht ordentlich genug putzen, säubern, waschen könnten. Das aber ist Teil des Problems, das es nur in den Augen von Betroffenen gibt: andere machen es nicht mehr ordentlich genug.

Betroffene putzen sich regelrecht „zu Tode", beschweren sich über die viele Arbeit, klagen über die unbedachten/falschen Handlungen anderer, die ihnen noch mehr Arbeit aufbürden würden, bis die Erschöpfung droht oder ein Burn-out oder ähnliches und für die Angehörigen das absolute Chaos.

Zwangstörung lange nicht als solche erkannt
Das Problem dabei ist, dass die Zerwürfnisse immer größer werden und lange nicht erkannt wird, dass es sich um eine Zwangsstörung (Putzwang) handelt. Dabei geraten die Beteiligten immer tiefer in die Spirale von Streit, Unverständnis füreinander und Verzweiflung, Depressionen bis hin zum eigentlich unnötigen Wege der Zerstörung einer Beziehung oder Familie und deren Trennung. Das muss nicht sein, weil es andere Möglichkeiten und Wege gibt.

Wie insbesondere Kinder in von Störungen betroffenen Familien gefährdet sind, wird unter „Putzwang (Zwangstörung) & Kind - warum besonders kritisch" beschrieben. Wie man damit umgeht, um es zu verändern, erfahren Sie unter „Putzwang (Zwangsstörung) - wie damit umgehen und verändern".

SERIE ZWANGSSTÖRUNG (Putzzwang)

Putzzwang (Zwangsstörung) & Kind - warum besonders kritisch

Zwangsstörungen (Putzzwang) zeigen sich besonders dramatisch, wenn Kinder mit eingebunden sind. Mit welchen Bedrohungen dann zu rechnen ist, die für Eltern möglichst rechtzeitig zum Achtungszeichen werden sollten, wird hier dargestellt. Da es nicht mehr nur um das Wohl von Erwachsenen geht, sondern die Entwicklung eines Kindes massiv behindert wird, sollten diese Zeichen unbedingt beachtet werden.

Merkmale

Wird ein Kind in solche Zwänge hineingezogen (wenn z.b. die Mama vom Putzzwang betroffen ist), zeigt sich das ganze zerstörerische Ausmaß einer Zwangsstörung, das immer verbunden ist mit einer Prioritäten-Verdrehung: Sie lautet: Erst Putzen, dann das Kind! Das aber hat fatale Folgen für ein Kind. Die Mama schafft sich zwar alle Zeit für das Eine: dem Zwang, putzen zu müssen. Selbst noch, wenn alles blitzsauber ist, nur eben nicht in ihren Augen, doch Kind und gesamte Familie bleiben auf der Strecke.

Kind auf Rang zwei nach Putzen.

Unter diesem Einfluss wird das Kind mit aller Wahrscheinlichkeit stark gefährdet und vernachlässigt, da sich das Putzen bei der Mama auf Rang eins geschoben hat - noch vor ihr Kind. Und der Vater, der neben ihr lebt, wird es nicht verhindern können, weil er gegen diese Zwangsroutinen nicht ankommt, die aufgrund der Störung in der Person der Mutter ablaufen. Die Mama aber kann nicht anders, um sich wieder wohl fühlen zu können – das ist ihr größtes Bedürfnis. Das treibt sie wie ein Motor an, dem sie folgen muss. Die Bedürfnisse des Kindes rangieren immer erst danach, was die Dinge so bedrohlich macht.

> Unter diesem Einfluss wird das Kind mit aller Wahrscheinlichkeit stark gefährdet und vernachlässigt, da sich das Putzen bei der Mama auf Rang eins geschoben hat - noch vor ihr Kind.

Was eine Zwangsstörung (Putzzwang) für ein Kind bedeuten kann:

• Das Kind erfährt überall Verbote. Es darf nichts, was mit Schmutzzusammenhängen zu tun haben könnte. Es kann sich unter diesen Umständen nicht gesund entwickeln und erleidet psychische Schäden, wenn es nicht aus dieser Situation heraus kommt.

• Selbst noch beim Essen erfährt das Kind, z.b. ein Kleinkind, Verbote: Es darf den Löffel nicht allein benutzen, weil es dann kleckert, was es nicht darf. Es wird deshalb noch gefüttert, auch wenn es schon kein Baby mehr ist und bereits von der Tagesmutter/ Pflegerin den Umgang mit dem Löffel gelernt hat. Der Löffel wird immer wieder weggenommen, obwohl das Kind danach schreit.

• Auf altersgerechte und abwechslungsreiche Ernährung wird in der Regel nicht geachtet, es fehlen meist viele notwendige Bestandteile in der Kost (zumeist Frischkost, Milch, Getränke, belegte Brote statt weiterhin Babybreie, selbst gekochtes Mittagessen statt Fertigbreie).

• Das Kind passt nicht in den Putzalltag, wo es zur vernachlässigten Nebensache wird. Die Betreuung des Kindes ist einseitig. Er wird zu wenig angeregt und deren Betreuung möglichst an Dritte „ausgelagert", um den „Putzplan" schaffen zu können.

• Spielen auf dem Fußboden darf das Kind nie.

• Spielplätze werden als Gefahrenzone betrachtet, auf die das Kind nicht darf, weil es schmutzig werden könnte. Es darf nicht im Sand, Gras, Boden spielen.

• Es wird selten mit ihm spazieren gegangen, um damit möglichst zu vermeiden, dass dieses Thema ansteht. Damit bekommt das Kind zu wenig frische Luft und Aufenthalt im Freien, was dem Immunsystem des Kindes schadet. Selbst zu Hause wird zuwenig frische Luft und Sonne herein gelassen, das Lüften vergessen und kein gesunder Schlaf (mindestens mit einem spaltbreit offenem Fenster) ermöglicht.

• Um die Situation auf die Weise kontrollieren zu können, wie es der Zwangsgestörte benötigt, werden Angehörige (z.B. der Vater des Kindes) ausgesperrt aus allem, was im Haushalt und mit dem Kind geschieht. Will es der Angehörige doch durchsetzen, beispielsweise das Kind hochnehmen, im Haushalt helfen oder einmal mit ihm nach draußen gehen, gibt es hysterische Reaktionen bis hin zur Anzeige bei der Polizei von Seiten der betroffenen Mutter. Der Grund: „Schmutzangst", selbst noch beim leiblichen Kindesvater, der sein Kind in diesem Falle oft nur noch über „Kriege" erstreiten kann und dann meist nachgibt, um das Kind nicht noch weiter zu verängstigen.

• Es gibt zu wenig Interesse am Gedeihen des Kindes von Seiten der betroffenen Person (meist der Mutter), trotzdem aber ein Gefühl der Überlastung durch das Kind, weil es am Putzplan hindert (real aber nicht wirklich eine Überlastung ist).

Hochwichtiges für das Kind geht unter.

Damit geht vieles unter, was für eine gesunde Entwicklung eines Kindes wichtig ist und unter diesen Bedingungen versäumt wird: Anregung, freies Spiel, zulassen können, was es will, Reden und Zeit für das Kind, Spiel an frischer Luft und auf dem Spielplatz, Spielmöglichkeiten in der gesamten Wohnung unter Aufsicht, um immer dabei sein zu können, wo es etwas zu lernen gibt.

Hinweise schon in Schwangerschaft möglich:

Eine Mutter mit Zwangsstörung zeigt schon in der Schwangerschaft Hinweise für eine solche Störung, auf die die Angehörigen achten und genauer hinschauen können, z.B.:
• Begrüßungen werden nicht mehr herzlich und mit Umarmung vorgenommen, sondern mit Abstand und der Bitte, von solchen „Berührungen" abzusehen.
• Besucher sind nicht willkommen (Schmutzängste).
• Freude auf das Baby ist mit großen Ängsten verbunden, das man damit überlastet ist, nicht zurecht kommt, das Baby durch Schmutz gefährdet würde. Es wird Wert auf höchste Qualität für die Baby-Ausstattung gelegt, aber was es bedeutet, rund um die Uhr für ein Baby da zu sein und Verantwortung zu übernehmen, interessiert nicht.
• Die Geburt selbst kann schon zur ersten Problemsituation werden, wenn die Betroffene in eine Zwangssituation gerät und sich weigert, die Geburt fortzusetzen, womit das Kind und die Mama selbst gefährdet sind. Das kann dazu führen, das sich die angehende Mama passiv verhält (mit den Worten, daß sie von alledem nichts mehr wissen wolle) und nicht bzw. erst viel später zum Fortsetzen der Geburt zu bewegen ist trotz helfender Ärzteschar.

• Erste Zeit mit dem Kind gibt Hinweise:

Auch in den ersten Tagen /Wochen nach der Klinik kann die betroffene Mama durch ihre Zwangsstörung das Leben einer ganzen Familie inklusive des Kindes schon gefährden, weil sie sie die erwähnten Ausgrenzungen vornimmt aus Schmutzängsten. Solche Mütter fürchten sich weniger vor realen Ereignissen, als vor der imaginären Angst, dass es schon Babytode in Kliniken gab aus Hygienegründen, was sie auch auf ihr zu Hause transportieren. Das verstärkt ihren Putzzwang noch mehr.

Erst Putzen, dann Kind

Dieser übertriebenen Angst vor Hygienemängeln für das Baby steht ein reales Desaster gegenüber, dass die Mama ihrem Kind selbst durch mangelhafte Betreuung (erst Putzen, dann Kind) zufügt. Solche Mütter empfinden schon das Stillen als eine unzumutbare Last, die Schmerzen mitbringt, weshalb sie es möglichst abzustellen versuchen. Hier vermag nur der Rat einer Hebamme (deren Wort als Gesetz verinnerlicht wird) davon abhalten, dies sofort zu tun.

Werden aufgrund der Hinweise dennoch keine Änderungen als nötig empfunden, unterliegt das Kind einer permanenten Benachteiligung durch den ständig aktiven Putzzwang. Dieser kann soweit gehen, das die betroffene Mama nicht in der Lage ist, das Kind gesund zu ernähren, genug anzuregen und seine Entwicklung richtig und altersgerecht zu fördern. Da das Kind hinter dem Putzzwang rangiert, vernachlässigt sie meist das Kind und sich selbst in Fragen Ernährung/Schlaf/Alltagsdinge. Auch diese Folgen muss das Kind abfangen. Deshalb ist es hierbei äußerst wichtig, Hilfe von außen einzuholen.

SERIE ZWANGSSTÖRUNG (Putzzwang)

Putzzwang (Zwangsstörung) - wie damit umgehen und verändern

Wenn Zwangsstörungen in der Form eines Putzwanges auftreten, bemerken es die Betroffenen selbst am wenigsten, da sie unter Zwängen agieren, die sich verselbständigt haben. Das macht eine Änderung der Situation schwierig. Wie dennoch vorgegangen werden kann, um eine Therapie (Kombinationstherapie) als Ziel zu erreichen, wird hier aufgezeigt.

Putzzwang verselbständigt sich

Wie man Zwangsstörungen entgegen wirken kann, wissen die Psychologen und Psychiater. Dass es weit mehr ist, als bloßes unnötiges Putzen, dass man doch endlich einmal reduzieren könnte, wenn man nur wollte und einsehen würde, haben Betroffene und ihre Familien bitter erfahren müssen. Denn die Sache hat sich verselbständigt und läuft ab wie ein Programm. Der Betroffene will es eigentlich nicht, zudem wird es ihm auch nicht bewußt und vor allem kann er sich nicht dagegen wehren. Er steht unter dem Zwang, dieses Putzen ausführen zu müssen, damit er sich wieder wohl fühlen kann und aus seiner Depression heraus kommt.

Hier sind die Angehörigen gefragt, die zunächst erkennen müssen, dass mehr als normales Putzen vorliegt, dass es sich um eine zwanghafte Handlung handelt, die nicht mit überzeugenden Worten abzustellen geht. Hier ist der erste Schritt das Erkennen dieser Besonderheiten einer Zwangsstörung, dass der Putzzwang nicht mehr beherrschbar ist und dadurch das Leben einer ganzen Familie und deren Mitglieder gefährdet wird. Die Person selbst ist in diesem Teufelskreis gefangen und kann nicht heraus.

Der erste Schritt zum Erkennen der Störung ist das Beobachten der Besonderheiten einer zwangsgestörten Person durch die Angehörigen (protokollieren!). Diese werden aufgrund der Dramatik, in die sie selbst mit geraten sind, klar herauskristallisiert haben, dass diese besondere Situation vorliegt, Worte keinen Erfolg mehr bewirken und insgesamt alle Lebensbereiche schwer beeinträchtigt werden. Hat man dies vorliegen, sollte man nicht länger abwarten. Empfohlen wird ab einem gewissen Punkt, der das normale Toleranzmaß überschreitet, Hilfe von außen einzuschalten, wobei man sich beraten lassen kann, welche Schritte (Fahrplan) durchlaufen werden sollten, um an die betroffene Person heran zu kommen. Hier kann auch geklärt werden, welche Vorarbeit günstig ist, damit die Hilfe von außen fruchten kann (fundierte Information als breit gefächerte Grundlage für eine Therapie).

Die Zwangsstörungen sind mit einer **Kombinations-Therapie** gut in den Griff zu bekommen (**Kombination aus Psychiatrie und Psychotherapie**), wo zwei Seiten in Betracht kommen: die Störung der Mutter und der Schutz des Kindes, die von den beteiligten Stellen aus angeschoben werden und gleichzeitig die Stärkung der gesamten Familie. Dazu können mitwirken:

• **Der sozialpsychiatrische Dienst** – mit **Psychiatrie für die Mutter** (zur Wiederherstellung einer kindgerechten Mutter-Funktion), was von Ärzten durchgeführt wird und wo auch Medikamente verordnet werden können.

• Eine **Praxis für Psychotherapie** (gegen die Depressionen etc.). Als Therapie-Einrichtungen wären möglich: eine ambulante Psychotherapie, eine Tagesklinik oder eine Klinik, wo gleichzeitig die gesamte (zweiteilige) Kombinationstherapie übernommen werden könnte. Der sozialpsychiatrische Dienst kann auch **Hausbesuche** durchführen (Vororttermin, Ansprache).

Da es mit einer zwangsgestörten Person nicht so einfach ist, an diese heran zu kommen, denn sie sieht weder die Putzhandlungen als überzogen/zwanghaft an, noch versteht sie, dass eine Zwangsstörung vorläge, noch nicht einmal in Verbindung mit ihren zahlreich ausgesprochenen Verboten gegenüber Kindern/Angehörigen. Sie wird fragen, warum man ihr denn eine Therapie nahelegen wolle. Die Gefahr, die von ihr ausgeht, vor allem auf Kinder, ist ihr nicht bewusst.

Das macht die Sache kompliziert und es funktioniert daher nur eine behutsame Heranführung an die beabsichtigte Therapie. Dazu können verschiedene Ankündigungen den Weg zum Ziel bahnen unter gleichzeitiger Einbeziehung der örtlichen Gesundheitsämter (inklusive Jugendamt bei Kindern. Der sozialpsychiatrische Dienst der Gesundheitsämter kann hierbei auch Hausbesuche vornehmen.

Voraussetzung dafür, dass sich etwas zu bewegen beginnt, ist in der Regel der Entschluss eines Angehörigen, der unter massivem Leidensdruck und in Wahrnehmung seiner Verantwortung für ein Kind die Situation dringend verändern möchte.

Voraussetzung dafür, dass sich etwas zu bewegen beginnt, ist in der Regel der Entschluss eines Angehörigen, der unter massivem Leidensdruck und in Wahrnehmung seiner Verantwortung für ein Kind die Situation dringend verändern möchte.

Dann folgen diverse Vorbereitungen, um die Behörden anhand der Protokolle einbeziehen zu können

und zusammen mit ihnen die Mitarbeit des Betroffenen zu erreichen. Denn auch der von Zwangsstörungen Betroffene ist selbst am Ende seiner Kräfte, sieht nur andere Gründe dafür - nicht die Putzstörung. Daher ist dieser Weg der optimale.

Zusammenfassung Schritte:

1) **Vorbereitungsphase**: Familie/Angehörige tragen die Besonderheiten der Situation zusammen, wird zur Protokollierung und als Rückhalt für die Therapieanbahnung (Kombinationstherapie) notwendig.

2) Kontakte zu ortsansässigen Gesundheitsbehörden knüpfen, Termine für erste Gespräche abstimmen, *"Fahrplan" der Vorgehensweise* abstimmen,

3) Betreuung des Kindes bei Abwesenheit der Mutter klären

4) Erste Schritte anbahnen für Einziehung der betroffenen Person: **erste Ankündigung** etwas für sich zu tun und Terminanbahnung mit Arzt absprechen

5) **Vorbereitung zweier Arzttermine: Arzt des Vertrauens, Kinderarzt** (wenn Kind beteiligt ist

6) Terminanbahnung bei Spezialisten/Therapeuten für die Kombinationstherapie

7) **Beginn der Hauptphase**: **Ankündigungen** in Stufen an die betroffene Person mit Zwangsstörung, je nachdem, wielange und wieviele notwendig werden, z.B. 2. Ankündigung (schriftlich) nach Empfehlung Gesundheitsämter: „ ...das Problem mit dem Putzen...", 3. Ankündigung mit Andeutung von Konsequenzen, 4. Ankündigung - Begründungen, warum Therapie notwendig ist, 4. Ankündigung mit Ämtern zusammen für Auflagen, 5. Ankündigung für Sorgerechtsregelung ...

Beispiel einer **Ankündigung**: „Du, pass auf, ich kann weder zuschauen, noch nachgeben, wenn unser Kind noch länger unter der jetzigen Situation leidet und wir beide als Eltern ebenfalls. Es ist mir sehr wichtig, dass unser Kind normal und gesund aufwachsen kann. Solange es alles verboten erhält, selbst den eigenen Vater, weil Du Schmutzängste hast, kann es das nicht. Deshalb sind Änderungen dringend nötig, auf die Du bisher nicht reagiert hast. Ich habe inzwischen Kontakt zu den örtlichen Gesundheitsämtern aufgenommen, um mich beraten zu lassen. Ich möchte nunmehr, dass Du etwas für Dich tust."

Zweite **Ankündigung**: „Wie ich Dich schon mündlich bat, möchte ich, dass Du etwas für Dich tust. Denn ich habe mir die Dinge, die bei uns laufen, lange angesehen - so kann es nicht weitergehen. Unser Familienproblem ist das Putzen. Solange wir noch kein Kind hatten, auf das Du mit Rücksicht nehmen musst, ging es noch. Da Du das nicht kannst, gefährdest Du nicht nur Dich selbst, sondern auch mich sowie die gesamte Familie, vor allem aber unser Kind, das sich nicht wehren kann. In meiner Verantwortung als Vater kann ich das nicht mehr zulassen, denn das Putzproblem wird immer gravierender.

Deshalb bitte ich Dich noch einmal nachdrücklich: Tu` etwas für Dich. Lass uns einmal schauen, ob es einen organischen Hintergrund für diese Dinge gibt. Und wenn nicht, dann ist es für Dich beruhigend, wenn ein Arzt Dir sagt: es ist alles okay. Suche Dir bitte einen Arzt aus, dem Du vertrauen könntest und dann fahre ich Dich dorthin. Den Termin werden wir gemeinsam wahrnehmen."

FAZIT aus Faktenliste

...sie begründet, warum es so nicht weitergehen kann und Änderungen dringend notwendig sind, und zwar aus vielerlei Gründen: Grund eins und Hauptgrund: **Schmutz, Putzzwang/Putzstörung**

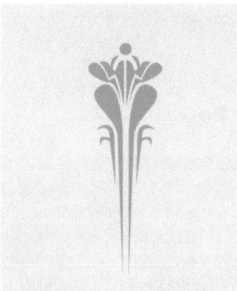

Putzzwang bestimmt gesamtes Familienleben: ständiges Putzen, Kontakt-/Besuchsverbote, da Gäste Dreck machen! Vielfältige **Verbote** für die Angehörigen/oder den Papa (hat kein Mitspracherecht am Kind, muss sich sein Vatersein erkämpfen), für das Kind (seine Entwicklung ist durch Verbote und Rang 2 bedroht, eventuell bereits psychische Schäden). **Alle und alles** leidet unter den „Putzorgien".

•**Das Kind** passt nicht in den Putzalltag, wo es zur vernachlässigten **Nebensache** wird.

•Die **Betreuung** kommt zu kurz, ist zu einseitig, zu wenig Anregung, wird oft an andere delegiert (z.B. Oma, weil Mama putzen „muss"), nutzt dazu zu viele chemische Reiniger - schadet dem Kind.

•Mama geht nicht gern (mit Kind) raus (es fehlt **frische Luft)**. Auch im Haus/Wohnung wird zu selten quergelüftet, in der Nacht sind die Fenster nicht mal einen spaltbreit geöffnet (ungesunder Schlaf).

•Kind darf nicht auf Wiese vor Haus spielen (würde geknickt), Terrassentür bleibt zu (Schmutzangst).

•Mama nimmt sich keine Zeit für Familie (muss Putzen), gestaltet Essen/Schlaf/Ausgleich/Leben nachlässig, zudem kommt oft **Alkohol** hinzu, was mit Zwangsstörung zusammen fatal wirkt (auf ihre Verantwortungsübernahme in Erziehungs-, Ernährungs- und sonstigen Fragen).

•Begrüßungs-Umarmung wird abgelehnt (Schmutzangst).

Fatale Prioritätenverschiebung bei der Mama als Betroffene vom Putzzwang:
Rang 1 Sauberkeit, Rang 2 Kind, keine Zeit für Kind, Papa, für niemand, sie muss ständig putzen, zu wenig Interesse am Gedeihen des Kindes, sieht sich durch Kind „überlastet".

Oft einziges Interesse:
Shoppen mit Kind, wo es nur abgestellt wird, statt aktiv spielen zu können.

Spielplätze sind Problem:
meidet die Mutter, weil sie schmutzig sind, macht Bogen um sie, Kind darf nie im Sand, Gras oder auf dem Boden spielen - auch nicht zu Hause.

1. Durch den Putzzwang geht vieles unter, was eine Familie/Kind dringend braucht: Zeit füreinander, Anregung, freies Spiel, zulassen können, was Kind/Partner möchte, miteinander Sprechen, Spaßspiele, Spiele an frischer Luft, Spielplatz, Spiele in Haus/Wohnung unter Aufsicht, um dabei sein zu können, wo es etwas zu lernen gibt. Das alles fehlt dem Kind unter der Zwangsstörung der Mama.

2. Zudem gibt es Abstimmungslecks: es findet keine Absprache zwischen den Eltern statt (Putzzwang steht dem im Wege, Strukturen fehlen, Mama akzeptiert nicht, das Kind beiden gehört und nicht einfach weggebracht werden kann (zur Oma), um putzen zu können, obwohl der Papa das Kind zu Hause haben möchte. Mama hat kein Recht, den Vater vom Kind fernzuhalten, über alles allein zu bestimmen und das Kind gegen Papas Willen vom Leben auszusperren (aus Schmutzangst). Spielzeuggeschenke anderer (Oma) wirft sie ohne Papa zu fragen weg.

3. Ernährungsprobleme: Aufgrund des Putzzwanges nimmt sich Mama zu wenig Zeit für die eigene Ernährung, die der Familie und des Kindes (vernachlässigt sich, die Familie und Kind: keine Abwechslung, nicht altersgerecht, Obst/Gemüse wird oft vergessen, keine Milch, sie kocht nicht für sich, den Mann, das Kind oder Besuch. Sie verwendet noch immer ausschließlich Fertigbreie für das (Klein-)Kind, die nicht mehr ausreichen, aber Alkohol nie vergessen. Wenn Papa am Wochenende dem Kind Besseres zu essen geben möchte, fängt sie „Krieg" an. Sie richtet es wochentags so ein, dass Papa nicht sehen kann, was sie dem Kind zu essen gegeben hat. Mama verbietet ihm das selbständige Essen mit Löffel (kleckert!), obwohl es bei der Tagesmutter selbst löffelt (bei Mama danach schreit, es alles machen zu dürfen). Sie füttert das Kind noch immer und putzt nach jedem Löffel den Mund und alles andere, was ein Kleckschen aufweist, sauber. Stillen empfindet die Mutter als lästig und beendet es zeitiger, als nötig. Sie glaubt trotzdem, das Beste für ihr Kind zu tun.

Weiora de Sirow / E. Möhler
Fachjournalistin
Berlin
www.experto/experten/
weiora-de-Sirow.de

Tab 1	Essen- und Wochenplan - als erster Vorschlag und Gerüst (zum Fortschreiben)						
	Montag-Plan	Dienstag-Plan	Mittwoch-Plan	Donnerstag-Plan	Freitag-Plan	Samstag-Plan	Sonntag-Plan
1)halb sieben Aufstehen	E= Essen T= Trinken	Kind, M- Mama, P - Papa					
2)7 - 7.30 h Frühstücken	Frühstück E: **Müsli - Ki,M,P** Kind selbst löffeln gemäß x1a T:**Milchtas.** warm J M,P - grüner Tee	Frühstück f alle Drei E: **dunkles Butterbrot Apfelspalten** T:**Mixmilch nach x6** für alle Drei	Frühstück E: **Müsli - Ki,G,P** Kind selbst löffeln gemäß x1a T:**Milchtas.** warm **Ki M,P - grüner Tee**	Frühstück f alle Drei E: **Vollkornbrot mit Margarine,** Wurst (Leber-, Jagdwurst) Apfelspalten T:**Mixmilch nach x6** für **alle Drei**	Frühstück E: **Müsli - Ki,M,P** Kind selbst löffeln gemäß x1a T:**Milchtas.** warm **Ki, M, P - grüner Tee**	Frühstück f alle Drei E: **Butter-Mischbrote,** Apfelspalten T:**Mixmilch nach x6** für alle Drei	Rrühstück E: **Müsli - Ki,M,P** Kind selbst löffeln gemäß x1a T:**Milchtas.** warm **Ki, M, P - grüner Tee**
3)bis 8h - P Kind-Tag.mu 9h - Arbeitsbeginn 7.30 h -M zur Arbeit 8.30 h Beginn 9.30 **zweites Frühstück**	Mitgegebene Brote **für alle Drei** E: 1. Scheibe Mischbrot mit Butter, zugeklappt, Apfelspalten T:Tee in Griff-Flasche für **Kind**	Mitgegebene Brote **für alle Drei** E: 1. Scheibe Mischbrot mit Butter, zugeklappt, Apfelspalten T:Tee in Griff-Flasche für **Kind**	Mitgegebene Brote **für alle Drei** E: 1. Scheibe Mischbrot mit Butter, zugeklappt, Apfelspalten T:Tee in Griff-Flasche für **Kind**	Mitgegebene Brote **für alle Drei** E: 1. Scheibe Mischbrot mit Butter, zugeklappt, Apfelspalten T:Tee in Griff-Flasche für **Kind**	Mitgegebene Brote **für alle Drei** E: 1. Scheibe Mischbrot mit Butter, zugeklappt, Apfelspalten T:Tee in Griff-Flasche für **Kind**	Für alle **Drei:** 2. kleines Frühst. **Mischbrot mit Butter,** Apfelspalten T:Tee in Plastetasse für **Kind zum Selbsttrinken**	Für alle **Drei:** 2. kleines Frühst. **Mischbrot mit Butter,** Apfelspalten T:Tee in Plastetasse für **Kind zum Selbsttrinken**
4)11.30h **Mittagessen** Mittagsschlaf	E:Mittagessen bei Tag.mu Arbeit gemäß **x11** T:Tee oder Saft **Kind** **Kind**	E:Mittagessen bei Tag.mu Arbeit gemäß **x11** T:Tee oder Saft **Kind** **Kind**	E:Mittagessen bei Tag.mu Arbeit gemäß **x11** T:Tee oder Saft **Kind** **Kind**	E:Mittagessen bei Tag.mu Arbeit gemäß **x11** T:Tee oder Saft **Kind** **Kind**	E:Mittagessen bei Tag.mu Arbeit gemäß **x11** T:Tee oder Saft **Kind** **Kind**	E: Mittagessen zu Hause siehe **x11** T:Tee oder Saft **Kind** **Kind**	E: Mittagessen zu Hause siehe **x11** T:Tee oder Saft **Kind** **Kind**
5) 14.30h Kaffetrinken M bis 15.30h auf Arbeit, dann Kind abholen	Mitgegeb. Brote Tag.mu bzw. Arbeit E: 2. Scheibe Mischbrot mit Butter, zugeklappt, Apfelspalten T:Tee in Griff-Flasche für **Kind Saft, Tee für M,P**	Mitgegeb. Brote Tag.mu bzw. Arbeit E: 2. Scheibe Mischbrot mit Butter, zugeklappt, Apfelspalten T:Tee in Griff-Flasche für **Kind Saft, Tee für M,P**	Mitgegeb. Brote Tag.mu bzw. Arbeit E: 2. Scheibe Mischbrot mit Butter, zugeklappt, Apfelspalten T:Tee in Griff-Flasche für **Kind Saft, Tee für M,P**	Mitgegeb. Brote Tag.mu bzw. Arbeit E: 2. Scheibe Mischbrot mit Butter, zugeklappt, Apfelspalten T:Tee in Griff-Flasche für **Kind Saft, Tee für M,P**	Mitgegeb. Brote Tag.mu bzw. Arbeit E: 2. Scheibe Mischbrot mit Butter, zugeklappt, Apfelspalten T:Tee in Griff-Flasche für **Kind Saft, Tee für M,P**	E: Nachmittagshappen zu Hause zweite Scheibe **Mischbrot mit Butter, Apfelsp.n** T:Tee in Plastetasse für Kind zum Selbsttrinken oder Grifflasche für unterwegs **Tee, Kaffee M,P**	E: Nachmittagshappen zu Hause zweite Scheibe **Mischbrot mit Butter, Apfelsp.n** T:Tee in Plastetasse für Kind zum Selbsttrinken oder Grifflasche für unterwegs **Tee, Kaffee M,P**
6)M 16.30h zu Hause	**x1 Fußnote zum Spielen nach der Tagesmutter**	**x1 Fußnote zum Spielen nach der Tagesmutter**	**x1 Fußnote zum Spielen nach der Tagesmutter**	**x1 Fußnote zum Spielen nach der Tagesmutter**	**x1 Fußnote zum Spielen nach der Tagesmutter**	**x1 Fußnote zum Spielen nach der Tagesmutter**	**x1 Fußnote zum Spielen nach der Tagesmutter**
7) 18.00h-19.00h **Kind Abendbrot** Tagesende für Kind	**x2 Kind Abendbrot mit Eltern zusammen (nur Happen)** E: zwei halbe belegte Butterbrote mit Wurst/Ei/Käse + Tomate, Gurke, Paprikaschote T:warme Milch mit wenig Honig in Plastetasse, selbst trinken lassen **Kind x3 Kind baden, Bett**	**x2 Kind Abendbrot mit Eltern zusammen (nur Happen)** E: zwei halbe belegte Butterbrote mit Wurst/Ei/Käse + Tomate, Gurke, Paprikaschote T:warme Milch mit wenig Honig in Plastetasse, selbst trinken lassen **Kind x3 Kind baden, Bett**	**x2 Kind Abendbrot mit Eltern zusammen (nur Happen)** E: zwei halbe belegte Butterbrote mit Wurst/Ei/Käse + Tomate, Gurke, Paprikaschote T:warme Milch mit wenig Honig in Plastetasse, selbst trinken lassen **Kind x3 Kind baden, Bett**	**x2 Kind Abendbrot mit Eltern zusammen (nur Happen)** E: zwei halbe belegte Butterbrote mit Wurst/Ei/Käse + Tomate, Gurke, Paprikaschote T:warme Milch mit wenig Honig in Plastetasse, selbst trinken lassen **Kind x3 Kind baden, Bett**	**x2 Kind Abendbrot mit Eltern zusammen (nur Happen)** E: zwei halbe belegte Butterbrote mit Wurst/Ei/Käse + Tomate, Gurke, Paprikaschote T:warme Milch mit wenig Honig in Plastetasse, selbst trinken lassen **Kind x3 Kind baden, Bett**	**x2 Kind Abendbrot mit Eltern zusammen (nur Happen)** E: zwei halbe belegte Butterbrote mit Wurst/Ei/Käse + Tomate, Gurke, Paprikaschote T:warme Milch mit wenig Honig in Plastetasse, selbst trinken lassen **Kind x3 Kind baden, Bett**	**x2 Kind Abendbrot mit Eltern zusammen (nur Happen)** E: zwei halbe belegte Butterbrote mit Wurst/Ei/Käse + Tomate, Gurke, Paprikaschote T:warme Milch mit wenig Honig in Plastetasse, selbst trinken lassen **Kind x3 Kind baden, Bett**
8) 20.00h **Eltern-Abendbrot** mit Salat 3h Zeit für sich selbst+ Hausarbeiten 11.30 h schlafen	**x3a -beim Elternabendbrot variieren x10 - dazu immer grünen Salat zubereiten**	**x3a -beim Elternabendbrot variieren x10 - dazu immer grünen Salat zubereiten**	**x3a -beim Elternabendbrot variieren x10 - dazu immer grünen Salat zubereiten**	**x3a -beim Elternabendbrot variieren x10 - dazu immer grünen Salat zubereiten**	**x3a -beim Elternabendbrot variieren x10 - dazu immer grünen Salat zubereiten**	**x3a -beim Elternabendbrot variieren x10 - dazu immer grünen Salat zubereiten**	**x3a -beim Elternabendbrot variieren x10 - dazu immer grünen Salat zubereiten**

Tab 2	Essen- und Wochenplan - Beschreibung Fußnoten
	ERGÄNZUNGEN und FUSSNOTEN - für KIND, MAMA, PAPA

FÜR DAS KIND

1

16.30 zu Hause.

x1 - Fußnote zum Spielen zu Hause nach der Tagesmutteer

-Kind zu Hause alte Sachen anziehen, die er schmutzig machen kann (um auf dem Fußboden sitzen zu können - auf dunkler Decke oder auch ohne Decke.

-muss sein Spielzeug mitnehmen können und in der Nähe der Eltern sein,

-er muss dabei auch mit Dingen/Gegenständen (die möglich sind) spielen können, die sich dort befinden, um sie zu erforschen

-Kind spielen lassen, ohne es ständig zu bestimmen, was es tut - es mus selbst spielen dürfen, mit Dingen, die nicht kaputt gehen können und keine Verletzungsgefahr bergen - egal, was es ist.

-Ein Auge muss man dabei immer auf das Kind haben, aber es „freilassen".

-Kind muss dort sein, wo man selbst ist, um ständig mit ihm reden zu können, ihn anregen zu können mit allem, was man selbst tut - darüber reden, als ob er es schon versteht.

-Etwa, wenn man Essen zubereitet, das Kind in der Küche oder Stube spielen lassen mit den alten Sachen - fast daneben. Um jederzeit die Handlungen vom Kind im Auge zu haben, muss man seine Dinge langsamer, als sonst machen, damit man eingreifen kann, wenn das Kind etwas macht oder anfaßt was er nicht soll (weil es kaputt gehen oder wo es sich selbst schaden könnte). Sehr gern spielen Kinder mit einfachstem Kücheninventar: Deckel, Quirl, Topf - sind zum Krach machen gut geeignet. Zulassen!

-Damit können sich Kinder lange Zeit beschäftigen - und gleich neben Mama und Papa sein, ohne das etwas passieren könnte. Anteilnahme am Leben der Eltern ist außerst wichtig für das eigene Leben.

-Jetzt noch keine richtige Hausarbeit anfangen - jetzt ist Zeit für Eltern und Kind - das andere muss warten (wenn Kind zum Schulkind wird, braucht man diese Zeit ohnehin komplett für die Schularbeiten mit dem Kind, sonst wird es zum Sitzenbleiber),

-Immer mit dem Kind reden, alles mögliche erklären - er muss Worte, Worte, Worte angeboten erhalten und abschauen können, was die Eltern so tun (das ist die beste Anregung pur),

-beispielsweise sagen: ich schmiere jetzt Deine Brote mit Butter...ich hänge jetzt die Wäsche auf, damit sie wieder sauber und trocken ist....

-Allein im Kinderzimmer spielen lassen, bringt im Moment noch keine Punkte, weil man dort selbst zum Kind wird und nur spielt - das ist zu wenig.

-Das Kind mus das ganze Haus/die Wohnung, seine Bewohner und das Leben darin kennen lernen dürfen.

-So regt man es optimal an und es ist zugleich Spiel für ihn. Ganz ohne Extra-Spielzeug - das ganze Haus/Wohnung bietet überall Spielzeuge, die es erfassen möchte.

-Im Kinderzimmer allein kann es im Moment nur ab und zu mal sein und mit sich selbst spielen, später wird es dann mehr.

-Je älter Kinder werden, umso besser können sie dann auch schon allein spielen. Aber nur dann, wenn man sie mit Ideen aus dem ganzen Leben gefüttert hat, damit sie diese Ideen im selbständigen Spiel widerspiegeln können. Dann beginnt auch die Zeit, wo sie allein spielen können - ihre Ideen in die Tat umsetzen wollen. Auch im Kinderzimmer. Aber es bedarf zunächst intensiver Ideenanregung. Ohne diese Vorarbeit langweilt sich ein Kind rasch im Kinderzimmer, weil es nichts mit sich selbst anzufangen weiß und es will zu Mapa und Papa und „bespielt" werden - außerhalb seines engen Spielbereiches.

-Das Kind muss zudem immer das Gefühl erhalten, man nimmt sich diese Zeit gern für es, weil es wichtig ist, statt im Kinderzimmer allein zu sein. Es merkt sofort, wenn man das Kind eigentlich lieber abschieben würde (aus Arbeitsgründen), wenn man nicht bei der Sache ist mit seinen Gedanken (nicht beim Kind - sondern schon wieder bei der Arbeit). Das beschädigt eine kleine Kinder-Seele bereits. Denn nur Spielzeug allein ersetzt nie Mama und Papa. Die Zeit für das Kind muss also dringend sein. Sie kommt später Tausendfach zurück - oder eben nicht (wenn man sich die Zeit nicht genommen hat) durch Fehlentwicklungen, mit denen man später konfrontiert wird, weil man das Kind nicht genug angeregt hat. Daraus erwachsen viel größere Probleme, als sich jetzt genug Zeit für das Kind zu nehmen - täglich.

x1a - Fußnote zum Selbst-Essen bei Tagesmutter und zu Hause

-Das Kind isst in der Gruppe mit anderen Kindern allein (was zu Recht gefordert wird). Damit es nicht wieder zurück fällt, muss es dies auch genauso zu Hause praktizieren dürfen, um es nicht immer wieder zu verlernen und um nicht durcheinander zu kommen (warum darf ich es bei der Tagesmutter und bei der Mama nicht?) Das kann ein Kind in keinster Weise verstehen oder sich eine Basis der Erkenntnis darauf aufbauen - es verwirrt massiv, es macht das Kind wütend, weil es ja die Dinge selbst machen möchte. Es wehrt sich immer massiver dagegen. Es erkennt, das es bei der Tagesmutter mehr gefordert wird, mehr anerkannt wird und darf. Das muss nach hinten losgehen, wenn es nicht rasch geändert wird und die Mama bzw. Papa Nummer eins bleiben wollen.

x2 - Abendessen mit Eltern

Abendessen vorbereiten für das Kind

18 Uhr - 19 Uhr Kind Abendbrot,

-zum Abendbrot des Kindes: Eltern essen eine Kleinigkeit mit, da es nicht allein essen soll, sondern in Gemeinschaft, wo es immer besser schmeckt z.B. ein paar Nüsse, eine Eierwaffel, Obst/Gemüse, eine Tasse grünen Tee

x3 - dann baden, Schlafanzug anziehen, wenn noch erforderlich: windeln und ins Bett

Tagesende für das Kind

-10 Minuten kuscheln auf Sofa oder im Bett der Eltern oder später im größeren Kinderbett, dabei ein Lied summen, eine ganz kleine Episode erzählen von Schäfchen, vom Mond, von den Kindern bei der Tagesmutter, von Mama/ Papa, was sie am Tage gemacht haben (später Geschichte erzählen o. Buch vorlesen) …

-am Schluß deutlich jedes mal „Gute Nacht, schlaf schön. Bis morgen früh!" sagen, drücken, streicheln und dann gehen.

Nachts bei längerem Schreien nicht allein lassen (beschädigt seine Gefühle) , sondern prüfen, was sein kann. Dann trösten, um das Kind nicht abstumpfen zu lassen (rufen hat sowie keinen Zweck, niemand hört mich).

x4 - in alle Breie (Karoffelbrei, Quark, Kürbissuppe dick, sonstige Mittagessen, Mixmilch, Müsli…) immer einen Teelöffel Olivenöl beim Kind, damit Vitamine aufgenommen werden können und das Immunsystem angekurbelt wird. ebenso bei M, um aus dem Ernährungs-Notstand heraus zu kommen.

Tab 2	Essen- und Wochenplan - Beschreibung Fußnoten
	ERGÄNZUNGEN und FUSSNOTEN - für Kind, MAMA, PAPA

FÜR DAS KIND

1

x5 - kein abgepacktes Brot, sondern frisches, was man selbst anschneidet

x6 - sowenig wie möglich Fertiggläser verwenden,

Huhn/Broiler wie folgt kochen:
Geflügel oder Huhn gesalzen im Ganzen mit 1 Lorbeerblatt, Salz, Wasser, drei Möhren in einen Topf, eine Stunde auf kleinem Hitze kochen.
Wenn es gar ist (muss sehr schön weich sein für Kleinkind), kann es als Brühe,
als Beilage zu den zerdrückten Kartoffeln oder auch zu Reis verwendet werden oder als Fleischbeilage in der Nudelsuppe.
Etwas Besonderes (mit süßlichem Geschmack und einer sehr dunklen Soße) kann aus dem Geflügel werden, wenn man es würzt (Salz, Paprika) und mit 6 Backpflaumen und 1 Eßlöffel Öl anbrät,
dann ein wenig (nur 2 cm hoch) mit Wasser auffüllen, ein halber Apfel in Spalten dazu und auf ganz kleiner Hitze langsam gar köcheln (schmoren - nicht kochen).
daraus entsteht eine schöne dunkle Soße, die zusammen mit dem garen Geflügelfleisch zu Kartoffeln oder Reis gegessen werden kann - kann auch das KInd essen und wird ihm schmecken.

Empfehlung: Geflügelfleisch portionieren und noch heiß in Gläser füllen, mit Brühe, Möhren und Zwiebeln auffüllen und Glas zuschrauben.
So hat man das gare Geflügelfleisch länger für Mittagessen fertig bereitstehen. Gläser erkaltet in den Kühlschrank stellen. Dann hat man ein paar Tage lang Brühe mit Fleisch und Gemüse für Mittagessen - mal mit Reis, mal mit Kartoffeln, mal mit Salat -
Speisefolge wechseln, damit der Körper viele unterschiedliche Stoffe bekommt - nicht immer die gleichen (führt zur Mangelernährung).

- ebenso leicht sind Spaghettis mit Geflügelwurstwürfeln, Zwiebeln und Tomatensoße ,
- oder ein Eintopf aus Kartoffeln, Möhren, Paprika, Zwiebeln, Geflügelfleischstücken, zwei Eßlöffel Olivenöl, Hühnerbrühe, obenauf ein Löffel Quark u. Petersilie,
- oder gekochte Kartoffeln zerdrückt mit einem Teelöffel Butter, die sofort schmilzt, dazu Rohkost mit Olivenöl (geraspelte Möhren, zwei Nüsse, Eisbergsalat,
Tomate, Gurke, Paprikaschote, jeweils ein paar Würfel davon, eine dünne Scheibe Zwiebel unter das Gemüse, dazu noch eine Soße
am besten aller zwei Tage 5-6 Kartoffeln mit Schale kochen
frisch gekocht als erstes Mittagessen verwenden, wieder warm gemacht als zweites Mittagessen zusammen mit Rohkost sowie Eiern /Fleisch/ Fisch und Soße

FÜR KIND, MAMA, PAPA

x5 - Für M immer ein paar Nüsse bereitstellen
- Dose Haselnüsse oder Tüte Walnüsse öffnen und in einer Dose mit Deckel mundgerecht bereitstellen, die immer auf dem Tisch oder Küche stehen sollte, damit sie immer locken kann.
- Dabei immer wieder mal die Sorten (Paranüsse Walnüsse, Haselmüsse etc.), wechseln. Damit M es wieder wahrnimmt - neue Nüsse hinstellen.
Nimmt sie die Nüsse so noch nicht an oder übersieht sie diese, zusätzlich mit den Mischungen arbeiten, wo Nüsse überall untergemengt werden:

x6 - Für alle - Kind, aber auch M und P - Mixmilch für morgens zubereiten. Damit es schnell geht, die Zutaten schon am Abend vorbereiten:

Mixmilch
Milchmilch aus 1/4Liter Milch (für einmal trinken) für Kind - aus abgekochter Milch
Milchmilch aus 1/2Liter Milch (für einmal trinken) für M und P je ein Glas- aus Frischmilch ohne Kochen
zusammen 3/4 Liter Milch für alle

die Mixmilch muss aber noch mehr enthalten: Nüsse kleingehackt (wichtig für Gehirn),
1 Löffel Eiweißpulver (für Kraft), 1 Teelöffel Olivenöl (für Vitaminaufnahme), ebenfalls Beerenobst (für Vitamine + Vitalstoffe) eine Handvoll aus Kühlschrank
dazu einige eingefrostete und aufgetaute Himbeeren oder Erdbeeren o. sonstige Beeren (eine Handvoll auf einen kleinen Teller direkt aus der Tüte im Kühlschrank, den Teller auf einen offenen heißen Wasserkocher stellen oder eine heiße Teekanne mit frisch überbrühtem grünen Tee (Deckel ab, Teller mit Beeren auf die heiße Teekanne) so tauen die Beeren in 5 Min soweit auf, daß man sie verwenden kann, damit die Milch nicht kühlschrank-kalt ist, ein ganz klein wenig kochendes Wasser dazugießen, dazu noch 1 Teelöffel Olivenöl, damit die Vit. aufgenommen wird, und alles mixen
Empfehlung: die Mischung schon am Abend vorher zubereiten:
Zutaten:
1/2 Liter Frischmilch (für M und P die Milch gleich so verwenden - nur beim Kind abkochen)
4 kleingehackte Walnüsse oder andere Nüsse auf 1/2 Liter Milch
1 Eßlöffel Eiweißpulver (gibt es als Sportlernahrung in großen Supermärkten)
Himbeeren oder Erdbeeren oder sonstiges Beerenobst gefrostet - gibt z.B. 750g Tüten von Paulus, wo man jeweils 1 Handvoll tiefgekühlte Beeren entnimmt, (etwa 1 gehäuften Eßlöffel voll rausnehmen) - reicht dann sehr weit für viele Müslis und Mixmilchgläser,
auftauen vor dem Mixen oder dem Müsli geht nebenbei ganz einfach: Beeren auf kleines Tellerchen legen - so breit wie es schon geht oder über die Teekann, wo vorher gerade Tee überbrüht worden ist - statt Deckel das Tellerchen - 5 Min reichen

da das Hacken der Nüsse etwas Zeit braucht, macht es sich gut, wenn es am Abend zuvor vorbereitet wird: Nüsse knacken, hacken, mit Eiweißpulver vermischen und in ein leeres Marmeladenglas füllen - ab in den Kühlschrank. Dann kann es am Morgen einfach fertig und komplett in die Mixmilch geschüttet werden. Schließlich alles schaumig mixen - die aufgetauten Beeren neben der untergerührten Nuss-Eiweiß-Mischung, wenn gewünscht, etwas nachsüßen - fertig.
wenn M am Morgen etwas von der Mixmilch trinkt, ist das schon ein Anfang, weil dort viele hochwertige Bestandteile drin sind, zum anderen geht es leicht und schnell zuzubereiten und zu trinken. Man kann es immer wieder trinken, es schmeckt gut und hat aufgrund der Zusätze viel mehr drin, als nur ein Joghurt am Morgen

Tab 2	Essen- und Wochenplan - Beschreibung Fußnoten
	ERGÄNZUNGEN und FUSSNOTEN - für KIND, MAMA, PAPA

FÜR KIND, MAMA, PAPA

x7 - Für alle - Kind, aber auch M und P - Müsli für erstes Frühstück zubereiten.
-Damit es schnell geht, die Zutaten schon am Abend vorbereiten:
noch besser als eine Mixmilch wäre ein Müsli. Ersteres ist zunächst der Einstieg für M, die nur langsam herangeführt werden kann).
-Müslimischung bzw. Haferflocken am Abend schon mit dem Eiweißlöffel mischen und in ein Glas füllen, um das Müsli am Morgen nur noch in die Schüssel schütten zu müssen. Wenn es keine Mixmilch gibt, werden die Beeren und sonstigen geschnittenen Obstanteile in das Müsli gegeben

Müsli für 2 Personen
zwei Schüsseln - mit jeweils 4 Eßlöffel Müsli, 4 Eßlöffel Haferflocken
- gehackte Nüsse (ca. 10 Stück Walnüsse oder andere Nüsse, am besten sind Walnüsse)
- eine Untertasse voller gefrorener Beeren (aufgetaut siehe Mixmilch)
- ein Eßlöffel voll zusätzlichem Eiweißpulver (Sportlernahrung, gibt es z.b. im Kaufland oder in ähnlichen Läden)
- zwei Äpfel - in Würfel geschnitten
- eine Banane oder 1/2 Pampelmuse - in Würfel geschnitten
- eine Kiwi - in Würfel geschnitten
die Früchte sollten immer mal wechseln und andere Sorten verwendet werden

x8 - als Tee häufig grünen Tee (Krümel, nicht Tüten) verwenden, weil auch grüner Tee viel Vitalstoffe enthält
für das Kind Tee aus einfachen Kräutern, Fenchel o.ä.
die warme Milch nach dem Essen trinken (wird sie vorher schon gegeben, ist der Bauch schon voll, Getränke gehen i,d.R. noch rein)

x9 - selbst einkaufen, damit Überlick behalten werden kann
nicht dem Betroffenen ausführen lassen, sondern selbst übernehmen, um Überblick zu haben, was da ist und was nicht und M erst noch zu allem zu überzeugen ist, was Essen betrifft
Was vor allem:
- viele Nüsse - die kleinhackt werden

x3a - beim Elternabendbrot variieren

20 Uhr Eltern Abendbrot
hier kann es mal belegte Brote geben mit Wurst, Fisch, Käse, Ei
oder eine überbackene Schnitte mit Käse und Ketchup
oder ein Raout fin mit Toastschnitten
oder ein Ei als Spiegelei oder als Eierstich für eine Rolle, die z.b. mit gebratenen Champignons gefüllt werden kann
oder ein Eierkuchen mit Apfelmus oder sonstigem Obst
und dazu immer mal Salat mit wechselnden Zutaten - wie bei x10 beschrieben.

x10 - grünen Salat zum Abendbrot
Zum Abendbrot immer grünen Salat zubereiten, um noch einmal Nüsse untermengen zu können und Vitamine/Vitalstoffe zu sich zu nehmen.
Mal Tomatensalat, mal Gurkensalat, mal gemischter Blattsalat wie nachfolgend beschrieben, mal Möhren-Apfel-Salat mit Zitrone und Zucker, mal auch nur Kohlrabistückchen roh zur Schnitte
auch die Salatzutaten sollten immer mal wechseln, damit dem Körper vielerlei Stoffe zugeführt werden (je abwechslungsreicher, umso besser).
Zutaten:
zu belegten Broten oder überbackener Schnitte (Jagdwurst mit Käse in Ofenröhren - bis Käse schmilzt) eine Schüssel Salat,von der immer reichlich nachgereicht wird: Eisbergsalat oder Blattsalat - 4 große Blätter, waschen und kleiner schneiden
Schafskäse - aus einer dicken Scheibe Würfelchen schneiden - zum Salat geben
Antipasti - eine rausnehmen, kleinschneiden und zum Salat geben, etwas Olivenöl und 5 eingekochte, kleingeschnittene Oliven.
Salatgewürz aus Tüten (für Gurkensalat mit Gurkenscheiben-Bild drauf - schmeckt am besten), eine geraspelte Möhre - unter den Salat mischen
eine Viertel von einer rohen roten (oder gelben, grünen) Paprika , - in Würfel schneiden,einen Apfelspalt kleinschneiden - mit unter den Salat mischen
Gurke - zwei Daumen dicke Scheibe - in Würfel schneiden, und/oder 1/2 Tomate,Zwiebel - zwei dünne Scheiben in winzige Würfelchen schneiden
Kohl - Scheibe davon mit Brotmaschine oder Messer abschneiden - sehr klein hacken
8 Walnüsse kleinhacken - zum Salat mischen

x11 - Mittagessen
Für M und P - i.d.Re. nur am Wochenende - daher mit einer überschaubaren Palette der Speisen, die man immer wieder gern kocht
für Kind täglich (macht ansonsten die Tagesmutter, ist Kind aber zu Hause, muss gekocht werden):
Kartoffeln im Ganzen mit Schale gar kochen (aller 2 Tage neu), mal frisch, mal aufgewärmt, geschält, auf Teller zerdrückt
dazu Soße sowie Fleisch, Fisch, Ei und Gemüse (Möhren, Kohlrabi, Blumenkohl, Bohnen, Zuchini, ,
Gut und sehr leicht zu kochen ist auch Kürbissuppe (dick) - dazu den Kürbis in große Stücke teilen - in etwas Wasser (je nach Größe des Kürbis - wenn mittelgroß, dann soviel Wasser, dass die Stücke gerade so mit Wasser bedeckt sind - dann salzen, wenig Pfeffer und Paprika - weichkochen (etwa 15 Minuten). Dann noch im Topf mixen, eine dicke Scheibe Butter unter das heiße Gemixte,1 Eßlöffel Olivenöl, auch zwei Eßlöffel saure Sahne oder Quark abschmecken. Diese Suppe muss dicker, als sonstige Suppen sein. Sie schmeckt dick besonders gut. Oben drauf kann noch etwas gehackte Petersilie oder Schnittlauch - ergibt ein Mittagessen, das allen schmeckt (P, Kind und M).

Eine gute Idee ist auch **Kartoffelbrei für Kinder (mit gebrateter Leber und Zwiebel und ein wenig Buttersoße,**
Geflügelleber ist am leichtesten und immer zart), hier aber die Schale der Kartoffeln abschälen, wenn die Kartoffeln weich sind, abgießen, nicht mixen (werden leimig), sondern durch eine Kartoffelpresse quetschen, 1/4 Stück Butter in eine Menge von ca. 10 Kartoffeln und 1 Eßlöffel Olivenöl (Kartoffeln müssen noch heiß sein - auf Platte stehen lassen, dazu etwas Milch, damit es nicht zu dick ist, sondern cremig wird .